JN438718

뜬장

뜬장

송일섭 시집

신아출판사

시인의 말

2013년, 새해 첫날 나는 나와 약속했다.
시 100편을 외우기로 했다.
그렇게 해서 외운 시가 3백 편에 이르렀다.
시로 하루를 열고
시로 하루를 마감했다.
시가 있어서 더 따뜻해지고 행복해졌다.
시가 있어서 더 마음이 넉넉해졌다.
어느 날부터 나는 시를 쓰고 있었다.
일찍이 상상하지 않은 내 모습이었다.
낯설었지만 한층 넉넉해진 내가 나는 좋았다.

날마다 세상의 소리에 눈떠 가면서
나는 적지 않은 환희를 느꼈다.
여전히 부족함이 수북하지만,
그렇다고 세속의 평가에 매달리지는 않을 생각이다.
세상의 곡비哭婢가 되어
세상의 울음을 대신하고 싶다.

모자라고 부족한 글임을 고백한다.
따뜻한 눈빛으로 늘 응원해 주신
많은 분들께 감사를 드린다.

2021년 가을

송일섭

목차

제2부

제3부

제 4 부

제 5 부

제 1 부

흉가

물먹은 이불솜 가슴에 안은 듯
젖어드는 번뇌가 무겁다
망상은
홀로 짓는 흉가
가슴 열고 툭 터놓으면
햇살 펴지듯 환해질 텐데

건너지 못할 다리는 없다
끄덕끄덕 걷다 보면
다 풀어지는 삶 아니던가
웬수라고 말문 닫고
악수라고 눈 감는가

허진하고
서늘할 때마다
기도하던 그 사랑 잊지 말게
어쩌다 미움의 싹 터도
가슴에 안고 키우지 말게
그대 마음 활짝 열면
세상은 다 이웃이라네

생존배낭

봄 햇살 보며 나들이 꿈꾸면서
신발장 앞에 가쁘게 섰다가도
그만 웅크린 공포 앞에 주저앉고 만다.

심장이 떨리고 오금이 저린다
무시로 달려드는 강진强震, 그리고 전율戰慄
찰싹 붙들고 놓아주지 않던 공포에 숨이 멎었다.

이어지던 낮과 밤의 여진餘震
숨통 조여오던 시간들

행여 생떼 같은 목숨 잃을까
피와 살 나눈 살붙이들
그럴수록 더 애틋해지는 해후의 시간들
보듬고 싶어라, 나누고 싶어라

먼 길에 노잣돈이라도 되듯
붉은색 배낭 보고 또 본다
서늘한 전선戰線에 선 듯,

전투식량과 생수, 헬멧과 손전등, 그리고 라디오
더할 것은 없는지 셈 바쁘다.

허망하게 고꾸라졌던 잔해殘骸를 보며
나약해지던 육신을 끌고 간다.
잊은 듯 곪아떨어진 세상이 가엾다
다시 붉어지며 다가오는 생존배낭
울망졸망한 아이들의 얼굴이 겹친다.

선線

가느다란 선線 하나
무시하지 마라
그 삼엄한 경계의 좌우에는
영 세상이 대결한다.

커트라인 앞에서 주저앉은 이가
세상에 한둘이었던가
선에는 누구도 거역하지 못하는
위엄과 권위가 있다.

선 넘어가면 죽음이고
선 넘지 않으면 삶일 때도 있다.
어디 그뿐이랴
선 덜 가서 죽기도 하고
선 더 가서 살기도 한다

시저의 루비콘강을 보라
이성계의 위화도회군을 보라
새로 펴는 선이 그 출발점이었다.
모든 결단은 다 선에서 비롯된다

고양이에게 쫓기던 쥐가
홱 돌아서며 마주 서는 그 자리는
항전의 마지노선이 아니던가.

삶은 선의 조우遭遇
마주치는 선 따라
이웃이 되고 적이 된다
불행이 되고 행복이 된다
승리가 되고 패배가 된다
희망이 되고 절망이 된다

반상에서

네모 반듯,
열아홉 줄
가로 세로 엮어지니
삼백 예순 하나
칸칸이
창과 방패 높이높이 세웠어라
이리저리
걸음마다 위태롭고
살 길 찾기 바쁘지만
언제나 안갯속
아차! 하면 저승길
휴우! 하면 이승길이지만
살아남는 것도,
이기는 길도
번뇌의 연속
사는 길 찾느라 허둥거리고
죽는 길 피하느라 정신 없다.
걷고,
쉬고,
달리고,

돌아서는
반상의 우리들
욕망에 부풀린 내가 보이고
방심으로 무너지는 세상도 보인다.
내딛는
한 수, 한 걸음
고뇌의 바다에서 펼치는
삶의 희로애락이어니

숫자 생각

숫자만큼 딱 부러진 것은 없다
숫자만큼 매력적인 것도 없다
원하는 숫자를 손에 쥐어 보라
세상만사가 얼마나 어여쁜지
결전에서 승자가 되어 보라
랭킹 1위 또는 제왕이 된다
이보다 더 큰 권력은 없다
홀로 앞서기 어려운 세상에서
손에 쥐고 싶은 숫자의 유혹
세상살이 복잡하고 강팍해질수록
아등바등 숫자 싸움 한다
몇 평 집에 살고, 수입은 얼마고
등급, 서열 수놀음에 휘청거린다
본디 삶은 수의 조합
생년월일도 그렇고
팔자는 운명의 상수다
이름보다 더 고유한 주민등록번호는
자신을 증명하기 바쁘다
등급도 서열도 숫자의 변형
생텍쥐페리는 글 쓰다 말고 탄식했다지

"인간들은 왜 숫자에 미치지?"
온통 숫자의 바다니 어쩔 수 없다
신문은 검색수로 기사를 평가하고
유튜브는 조회수로 돈을 계산한다
대학에서는 석차로 입학을 결정하고
은행에서는 잔고로 신분을 가른다
많이 배우고 잘난 사람도
숫자가 허술하면 빛바랜 빨래처럼 가볍다
지지율 떨어지면 권력도 휘청거리고
고용률 떨어지면 인심이 흉흉해진다
마크 트웨인이 3대 거짓말이라며
손사래쳤다는 통계
그 또한 수의 마술이거니
복잡한 셈법 저만큼 밀어내고
한 세상 느긋하게 살고 싶어도
아무 때나 숫자가 고개를 든다.
자리 잡아 재촉하기 바쁘고
낮게 엎드리어 고개 숙이느라 바쁘다
그러고 보면
숫자만큼 단호한 것은 없다
숫자만큼 야박한 것도 없다

업보

반듯하게 가려 해도
때로는 휘청거리기도 한다

무심코 던진 돌멩이에
맞아 죽은 개구리 있듯
불쑥 던지는 한마디에도
남 아프게 하는 가시 들었다.

몸 바쳐 돕지 못할지언정
남의 눈물나게 하지 말라던
유훈 잊지 않고 살아도
돌아보니 죄짓는 날이 많았다

서둘렀던 게 죄가 되고
물러섰던 게 흠이 될 때도 있었다.
그래서 부처님은
사는 게 죄라며
저리 중생을 달래나 보다

벗어날 수 없는
업보의 시간들
죄로 빚게 될
또 하루가 두렵다

오동을 보며

상관 편백 숲에서 오동을 보라
여기저기 우뚝 서서 세상을 본다

할아버지가 쓰러졌고
아버지가 베어졌던 그 자리에
멸문의 분노 푸르게 피어서
오동의 손자가 대를 이었다.

대를 이어 사는 것이
어찌 사람뿐이랴
피 나눈 자손들이
세상에 가득하듯
뿌리로 유전하던
오동이 마을을 이룬다

선대가 주검으로 굴렀던 곳에
당신의 아들
나요! 외치듯
우뚝 선 오동을 보며
인연의 끝없음을 본다.

개망나니

일가一家
번듯하게 세우자고
도원桃原의 벗들처럼
뜻 모았으리

자리 나누자마자
초심은 길을 잃어
큰감에 눈먼
욕망의 그늘

흙구덩이 속에서
난투극을 벌이는 것은
기운 자랑일까
야만을 보라

빼끔사리에도
위아래가 있는 법
서로 잘났다는
저 개망나니짓

스무 살의 거리

궁핍과
외로움이
무시로 피어났던
완산동完山洞 길
늘 오가도
낯설고
늘 마주쳐도
서먹했던
스무 살의 우울
바람처럼
많은 시간이
흘러갔어도
부끄럽기만 하던
내 삶의 모퉁이들

그날의 슬픔처럼

장맛비에 무너진
뒤란의 축대를 보니
일가一家를 이루고
일가一家를 보듬던
아버지가 보였다
한여름
뙤약볕 속에서
정신줄 놓쳐버렸던
그날의 허망함처럼
무너져 내린
괴멸壞滅
흩어진 낙석落石에는
서러운 상념이 얹혔다

꾸부정한 시절

오랜만에 고향에 갔더니
뒷당산 너머 채마밭에서
지심매던 어머니
날 반기며 한마디한다

“아가 집에서 쉬제,
멀라고 왔냐?”
숨기지 못한 속마음은
주름 골짜기마다
웃음 환하게 핀다.

마루 끝에 걸터앉아
햇살 같은 이야기 나눌 새도 없이
어머니는 서둘러 짐부터 챙긴다
싱싱한 푸성귀, 고루 갖춘 양념
넉넉한 마음꽃 환하게 핀다

자식만 보면 더 부산해지는 어머니
홀로 두고
돌아서는 마음 눈치챈 듯

"나, 암시랑토 않여,
아덜, 아무 걱정 허지 말어잉"

어머니 앞에서는
순서가 뒤집히고 만다

백미러에 비친 꾸부정한 어머니
그 숨찼던 삶이 쏜살같이 뒷걸음친다

미리 찍은 마침표

세상 바쁘게 살다 보면
귀천歸天이 바로 눈앞이다
신神만이 아는 비밀
아무도 알지 못한다
아슴했던 몇 마디 유언보다
더 가슴 철렁해지는
생전生前의 장례
*의뭉 떠는 이중생도 아닌
영화에나 나올 법한 이야기다
검버섯 번진 미수米壽의 노인은
부고訃告 대신 초청장으로
보고픈 이, 그리운 이의 손을 쥔다
"와 줘서 고마워…… 그때가 좋았어.
…… 행복하게 살아."
초췌한 얼굴에 핀 향긋한 미소
마주할 수 없는 눈동자瞳子에
머문 슬픔의 강
휘슬 소리에 머뭇거림도 없이
퇴장하는 경기장의 선수처럼
그렇게 물러나고 싶어서란다

고마운 이에게 감사하고
다툰 이와 화해하고 용서받고 싶어서란다
우울의 밀실, 그 검은 옷이 싫어
손 맞잡고 환하게 웃다가
어느 날 이사 가듯 떠날 거란다
암癌과 사투를 벌이면서도
눈초리 치켜뜬 원망도 없다
그냥 그대로
다 그대들 덕이라며
미리 찍어두는 마침표 하나
숙제 끝낸 아이들처럼
잠들 듯 그렇게 갈 거란다

오래된 세월

오래 묵은 삶은
낡은 고리짝 같아
갈수록 덜렁거린다
바지런했던 젊음이 흐트러지고
힘껏 쥐던 주먹도 풀어졌다
돌아갈 수 있다면
얼마나 좋을까
한 조각 연민도
떠돌지 않은
저 푸른 하늘이 낯설다

11월은

11월은
너와 내가 나란히 서는 달이다
시린 달빛 쏟아지는 거리에서
홀로 외롭지 않도록
나란히 서서 손 맞잡아야 한다
환한 웃음 나눌 수 있게

11월은
너와 내가 마주 서는 달이다
매서운 바람 몰아치는 들판에서
추위에 떨며 웅크리지 않도록
마주 서서 덥석 안아야 한다
포근히 안겨 꿈꿀 수 있게

11월은
너와 내가 하나 되는 달이다
가슴 속에 뭉근히 피워 온 불꽃
나른하게 지쳐가지 않도록
손 맞잡고 흔들어 깨워야 한다
더 찬란하게 빛날 수 있게

자경문自警文

지금까지 살아오면서
철부지 소년처럼 들뜬 날이 많았다
바람 부는 날은
메마른 낙엽처럼 서걱거렸지만
천둥소리에 가슴 뜨거워지기도 했다
허물은 변명하면서 감추었고
자랑은 부풀리면서 떠벌렸다
어느 날은 파도에 씻긴 백사장처럼
곱고 가지런하였지만
폭풍우 쓸고 지나간 뒤
성난 개울물처럼 출렁거리기도 했다
삶은 언제나 빈손처럼 가벼웠다
바람 한 점 쥐었을 뿐
힘껏 움켜쥔 것은 어디에도 없었다
머문 곳은 하나같이 누추했고
견줄수록 작고 왜소해졌다
아무도 눈길 주지 않은 냉혹의 시간에도
남의 눈치 보기에 바빴다
말은 다툼과 멀게 해야 하고
공(功)은 아래로 흘러야 한다고 하면서도

그것을 쥐고 놓을 줄을 몰랐다
쉴 자리 찾아 두리번거리면서도
내 안에서 남 쉬게 할 줄은 몰랐다
그러나, 가만히 생각해 보니
그 맞은편에 새로운 길이 있었다
움켜 쥔 욕망을 내려놓고
마음을 비울 때가 편안했다
고삐 죄듯 감아쥐기보다는
빗장 놓아버릴 때가 자유로웠다
골방에서 혼자 우쭐거릴 때보다
한 자락 펴고 어울릴 때가 흐뭇했다
구별되지 않는 것을
나누려고 하기보다는 섞이는 것이 좋았다
헛된 욕망의 올무 벗어버리고
바람 한 줄기에도 환히 가슴 펴는
소소할지라도 새로움에 들뜨는
그런 내일을 꿈꾸며 살 일이다

축수逐水

손에 쥔 것
요술방망이라도 되는가.
바라보던 청순한 눈망울
그 순수가 고달프고
그 맹목이 애처롭다
탓하며 다툴 것이 무엇인가
니캉 내캉 나누면 되지
샛길 그늘 속
닫힌 셈, 얼마나 고단한가
사는 것 별거든가
옹송그리면 구속이고
풀어버리면 자유인 것
골 흐르던 물이
막아선 바위 앞에서
소용돌이치다가도
이내 제풀에 죽고 말듯
삶 또한 마찬가지
언젠가는 해찰하늣
끄덕끄덕
들 건너는 냇물 같은 것

제 2 부

파약破約

대낮에
시장市長이 사라지자
세상은 낯 붉히며 종종거렸다
이슬 젖은 풀숲에
아무렇게나 버려진 신화神話
그것은
절망,
아니 분노
믿는 도끼에 발등 찍힌 것이라고
이 악물고
눈 질끈 감고 돌아선 바람
수치羞恥의 그늘에서 서성거렸다
생선 썩은 냄새 같은
파약破約의 악취惡臭
어쩌자고
껴안고 울부짖고 있을까

묵비墨匪*

그렇게 세상살이 어려웠을까.
배운 대로만 살았어도
한 세상 고단하지 않았을 텐데
한 자리 차지하고 떵떵거리고 싶어서
세상 속이는 것도 모자라
자신까지 속이고 말더라
열혈청년 그 기개 다 버리고
이리 기웃 저리 기웃
상갓집 개, 그 허둥거림이 애처롭다
정의와 양심에 눈떠 가던
젊은 날, 그 추상 어디로 갔을까
시험 준비하며 궁구했던 모범답안 같은
법과 정의는 어디다 폐기했을까
'아니 되옵니다.'
그 한마디 하기 어려워
눈 감고 귀 막고
병든 수캐마냥 할딱거렸는가
척척 내갈겨 썼던
결정문은 왜 그리 부끄러울까
진실이 무엇인지 알 수 없을 때

정의가 무엇인지 알 수 없을 때
세상인심을 보라
거기에
밑줄 그었던 답이 있고
강의실에서 배웠던 정의가 있고
모범답안으로 썼던 진실이 있다
안 보이거든 한 발자국만 물러서서 보라
손바닥 들여다보듯 훤히 보인다
남보다 빨리, 높이 되어
한 세상 쥐락펴락하는 일
결국은 사람 다치게 하고
세상 혼란케 하는 일 아니었던가
길 아닌 곳에 장애물이 있고
뜻 어긋난 곳에 근심 쌓인다
욕심 속에는
자신의 목 죄는 올무가 있다고
선현들이 일깨웠고 역사가 증명했다
글 배운 자의 타락은
역사의 헛구역질이다
삼청동, 여의도동, 서초동 할 것 없이

묵비墨匪, 그 썩은 냄새 어찌할까
정의를 유린하고 진실을 가리면서
끼리끼리 나누고 곱해서 배를 불린
이땅의 묵비墨匪들이여,
세상인심을 보라
그래도 모르겠거든
네 가슴에 손을 얹어 보라

*묵비墨匪: 중국 소설에 나온 말로 '글 배운 도둑'이라는 뜻

염색

세월을 속이는 것
낡은 건물 외벽 색칠하듯
허옇게 빛바랜 세상
밑둥부터 위로 올리며
세월의 장막을 펼친다
숲 헤치고 들어서면
수고와 아픔의 하얀 눈길
오래전의 그날처럼
깊어진 세월에 놀란다
절망 속 꿈 간절하듯
고고성呱呱聲을 상상하는
새로 펴는 꿈의 성사聖事
때로는 온갖 것
절연하는 그 리셋
내 숨찬 결의라고 하자

뜬장

누대에 걸쳐
야성野性 다듬으며
외길 섬기던
그 충정 잊었는가
뜬장에 가두고
꿈마저 외면한 냉혹
컹컹 세상 꾸짖어도
누구도 듣지 않는
막장의 절규
외면당한 세상에서
오지게 밟고 뛰었던 마당
죄다 잃어버리고
쇠줄에 미끌리면서
마구 흔들리는
뜬장의 고뇌를 보며
너도 울고
나도 운다

전야前夜

까맣게 깊어가는 밤
세상은 침묵의 바다다
무너져 내릴 듯 나른한 하루였지만
쉽게 잠들지 못하는 밤이다.

누가
진인사대천명盡人事待天命이라 했던가
투표일 전야前夜
다하지 못해서 아쉽고
알 수 없는 새날이 두렵다

불 끄고, 눈 감아도
상상想像의 불야성만 이어질 뿐
요동치는 셈의 희비
언뜻언뜻 스치는
지난날의 이야기들
하나같이
전전반측輾轉反側의 미로가 된다

누가 끝이라 하던가
결코 끝일 수 없는 전야

사람 사는 세상

세상살이
핑계가 없다면
얼마나 나른할까
좋은 일에 박수치고
슬픈 일에 글썽거리는 것
이런저런
핑계 삼아
손잡는 세상

삶이란
누구에게나 고만고만한 것
만나면 벙글거리고
술 한 잔에도
꽃처럼 피어나는 세상

때로는
의기투합도 하고
핏대도 세우지만
결국에는
먹걸리처럼

틉틉하게 섞여지는 것
서로 부대끼며 닮아가는
바닷가의 조약돌처럼
닮아가는 세상

무서운 세상

무서운 것은
세상을 삐딱하게 보는 것
잘못이 무엇인지 모르는 것

자주, 진실을 말하지만
그것은 한갓 곡해曲解

들풀로 남겠다면서도
곧추서기에 바쁘다면
완장 찬 종술*이하고 뭐가 다를까
그것은 참혹한 재앙

남에게는 단호하고
자신에게는 너그럽다면
강자에게는 조아리고
약자에게는 쇠파리떼처럼 맹렬하다면
그것은 더 무서운 일

*윤흥길의 소설『장마』의 주인공

은파銀波

늘
부채살 펴듯
싱그럽던 은파가
오늘은
처연한 표정이다
GM 폐쇄로
격앙된 슬픔 탓일까
아닐 게다
찡그린 하늘 올려보며
돌아서지 못하는
내 망설임 때문이다
낯선 곳 어디든
좌표 하나 쥐고 떠돌았지만
살다 보면
정든 곳도 있다
몇 개의 점을 기억하며
돌아설 때
입 다문 은파에는
웃음도 소리도 없다

막걸리처럼

세상은 활짝 열려 있는 것
아는 사람이 어디 있고
모르는 사람이 어디 있겠는가.
빙 둘러앉아 막걸리 한 잔 걸치면
세상은 모두 통하고 말아

가까운 사이라면
막걸리 향기로 곰삭아져서 좋고
낯선 사람이라면
하마 친구가 되었어야 할 사람이어서 반갑다
누룩꽃 향기 푸근히 젖어드니 그저 좋아라

사람 사는 세상
어디 남이 있고 내가 있을까
어디 멀고 가까움이 있을까
내 가슴 열어젖히면 모두가 정겨운 이웃이고
내 마음 닫아 여미면 온통 낯선 세상 아닌가

수줍던 그 가림막 걷어내고
막걸리 그 걸쭉한 맛에
취기를 더해가며 가까이 서 보라
하나같이 친구이고 이웃 아닌가.
그리고 꽃처럼 붉어진 얼굴을 보라
큰 바다 안고도 남을 그 넉넉함 아닌가

죽음의 바다

어찌 보면
세상은 불평의 바다
어느 구석의 혼잣말도
곱게 들리지 않아
불온의 싹이라도 되듯
눈 부릅뜨는 세상
서로 조금만 달라도
생뚱해지는 세상
초록을 동색이라 하듯
늘 같아야 한다면
그 단조로움에 질리고 말아
서로 달라야
더 울긋불긋 고와지는 것이
세상의 이치거늘
조금 다르다 하여
화들짝 놀라고,
눈 부릅뜬다면
맹수보다 무서운 세상
살다 보면
시빗거리 하나쯤 안고 살아야

속도 깊어지고
눈길도 넉해지는 법
다를 것 하나 없는
평온
그것은 죽음의 바다

불꽃

낮과 밤으로
파도에 씻긴 모래
그것은 이미 모래가 아니다
오랜 세월 견뎌낸
또 하나의 화석이다.
잘 다려진 외투처럼
곱게 다듬어진 모래밭
그것은 세월의 엄숙한 층위
그 모래밭 위에
꿈틀거리는 생명 하나
해와 달을 벗 삼았다
미천한 삶일지라도
버둥거릴수록 더 강렬한
분투의 흔적
그 충일充溢했던 생명을
누가 하찮다 하리
목숨 붙어 있는 것은
무엇이든 다 경이로운 것
파도가 다져놓은 세상

척박한 모래밭 뒤지면서
이어놓은 생명의 길
한갓 미물의 일상일지라도
그 궤적 하나하나
위대한 삶의 불꽃이다

길

길이 익숙하게 되기까지는
큰강 하나쯤은 휘돌고 와야 한다.

강 따라 흐르면서 만난 것들은
모두 낯설고 어색해서 머뭇거렸다

그러나 휘청거리다가 포구에 이르면
어렴풋이 알게 되는 것이 있다

시작과 끝이
삶과 죽음이 이어져 있고
성공과 패배가
사랑과 이별이 맞닿아 있음을 안다

한때, 실패와 좌절로
분노와 혐오로 출렁거렸던 마음이
깃털처럼 가벼웠음도 안다

나이 들면 알게 되는 것을
답안 찾기 바쁜 아이들처럼 보챘다

석양 무렵 그 신비롭던 세상도
내 손금처럼 얽혀 있음을 안다

코로나

뜻도
소망도
다 유예되는
악마의 뒤뜰
거리를 막고
광장을 막고
극장을 막고
학교를 막았지만
초연결 본뜬
확진의 확산
두렵고 무서워서
방안에 머문 희망
그러나
안방까지 장악한 공포
더 넓혀지는 전염의 영토
그럴수록
친구도
가족도
이웃도
연인도

사랑도
다 달아나 버린
먹통 같은 세상
오늘도
패배의 낙루
깊어지는 절망

연탄재

오늘 어떤 강사가
재로 남은 연탄 보여주며
나이 먹은 노인네 모습이란다
흐옇게 꾀죄죄한 모습이
영락없이 그 얼굴이란다
역전歷戰의 노병 없는 곳에
한 시절의 태평이 있을까
노인을 도서관이라 하는
아프리카 같은 안목이 있어야
제대로 되는 세상 아닐까
수명 다한
연탄재라는 말이
가시 같은 아픔으로 남았다
제 몸 장렬하게 태워서
사랑 후끈 펼치는 것을 보라
혹한 꽁꽁 얼어붙어도
사랑의 온도는 늘 따뜻하다
어쩌다 음습하고 나른해질 때
매캐한 질투에 정신 놓은 적 있지만
그래도 변치않는 사랑이거니

그 사랑의 종착역이
언제나 재로 남은 열정 아니었던가

겨울 새벽

찬 겨울 이른 새벽
바람과 섞인 생명의 잔해
어미를 놓쳐버린 병아리처럼
불빛 속으로 우루루 달려든다
그것은 낙엽이 아니었다
세상 소풍 마친 노후처럼
저승 드는 쓸쓸한 영혼이었다
산 자의 최후가
밤 하늘 스쳐가는 혼불이듯이
새벽 찬바람에 뒹구는
낙엽은 뭇생명의 혼불이었다
봄 한철 꿈
여름 한철 영화
차올랐던 사랑 모두 비우고
거리를 휘젓고 있었다
혼자 떠나기에는 너무나 추운
서러운 이 새벽에

이 세상

장작불에다
기름 붓듯
나날이
맹렬해지는 불길 같아
이 세상
고개 넘다 보면
숨 고르는 바위 하나
있을 법한데

득달같은
싸움만 하고 있어
쇠물팍
팔팔 끓이듯
휘휘 돌고도는
가마솥 같아
이 세상
책 읽다 보면
되새김의 페이지도 만나는 법이거늘
쏜살같은 독주만
요란한 것 같아

제 3 부

모악산母岳山 1

질시와 모함에도 위축되지 않는
우뚝한 모악의 결기를 아는가?

누가 버려진 남도라 하였는가
쫓길수록 더 강인해지고
강팍할수록 더 뾰족했던 세월을 잊었는가

누가 뺏뺏이 고개 쳐든 배북背北이라 하여
모악을 능멸하였는가
누가 거슬러 흐르는
삼천三川의 도도함을 시기하였는가
그것은 한갓 질시의 요설일 뿐
그것은 모악의 더운 심장이었고
패악를 거부하는 삼천의 출렁거림이었다.

도탄塗炭에 빠질수록
더 단단히 묶일수록
결기 푸르렀던 모악의 기상을 잊었는가.
구들장의 온기로 오순도순 지내다가도
세상 더럽히는 불의 창궐할 때마다
성난 폭우 쏟아냈던 동학의 하늘을 아는가.

모악산 2

아침 햇살에
방실거리던 호수가
아직 깨어나지 않은 모양이다
독한 술에 취한 듯
뿌옇게 자울거리면서
숨소리만 깊어지나 보다
하기야, 추상의 자세로 우뚝 선
모악산도 비틀거리고 있으니
산 밑 호수라 하여 다르겠는가
한 마장의 쉼도 없이
달려온 어둠의 터널
그 끝에서 머문 빛
드리워진 장막 앞에서 어쩔 줄 모른다
든든하게 보였던 모악산도
오늘은 힘이 없다
그저 마음만 바쁜 모양이다

모악산 3

– 꽃달 4월

4월은 꽃의 달이다
긴 겨울 두려움에 옴실거리던
꽃망울이 한바탕 웃음을 터뜨렸다
모악은 화향花香의 숲이 되었다
미술관 앞 벚나무 가지에는
밤낮으로 꽃노래가 이어가고
저수지 둑방에 질펀한 꽃웃음은
삼천으로 내려서 노래가 되었다
굽어보던 모악산도,
올려보던 경각산도
화들짝, 긴 졸음에서 깨어나듯,
산벚꽃 하얀 풍선처럼 떠오르니
산비탈의 화반花斑 장엄하다
모악은 지금 꽃의 계절
그래서 마주치는 것은 다 꽃이다
벚나무 아래서 꽃에 취한 사람
산 오르는 나그네도
내리는 바람도

느티나무 아래에서

고향 마을
느티나무 아래에 서면
술래에게 들킨 것처럼 멋쩍다.

세상 품에 안고
의연하게 서서
마을의 일월日月 다 꿰고 있어서다

문둥이 따라 졸래졸래 넘던 사등재
다섯 살 꼬마의 때 묻지 않은 허욕에는
느티나무도 동동거렸다.

어지러운 세상
추악한 완장질에 눈 질끈 감고
바람에도 흔들리지 않고 서서
그 고뇌의 강, 울음으로 건넜다

고향 마을
느티나무 아래에 서면

할배의 할배에서 손자의 손자까지

다 알고 있다는

나무의 끄덕거림을 본다.

금강송

소수서원의
금강송을 보면
결기 곧은 선비 앞에 선 듯
꾀죄죄한 세상이
그저 부끄럽다
비바람 속
울렁증 같은 세상에서
이리저리 흔들리면서도
우뚝 서고자 했던
나무의 꿈이 보인다

그런데 보아라.
나이 들수록
더 단단하게 동여맸던
그 균열龜裂의 징표
외투 벗어버리듯
어디에 두었는가
자색의 머플러 같은
결기 하나 달랑 들고서
모진 풍파를 보듬고 선

금강송의
장엄한 서사
앙앙거리는 노욕의 비릿함은
그 어디에도 없다.
훌훌 벗어버릴수록
더 고혹해지는
미인처럼
나이들수록 더 질박해지며
아낌없이 내려놓는
오 아름다운
미인송이여
금강송이여

맥문동

문사文士들의 마을처럼
그들만의 결사結社처럼
결코
가벼울 수 없는 이름
맥문동麥門冬
나무 아래서
푸르게 끼리끼리
깔깔거리다 펴는
연보라의 미소
귀
기울일수록
더 경쾌해지는
연보라의 소리

바람개비

바람개비 너는,
스스로는
단 한 번도 뒤척이지 못한다
바람 불어야
기지개 켠다.
산들바람에는 산들거리고
회오리바람에는 회오리친다
네 절정과 몰입은
언제나 거센 바람 끝에 있다.
사람의 삶도 그렇다.
구불 길 하나 없는
평탄한 길에는
놀람도 긴장도 없다

자귀나무 연가戀歌

시원한 바다 그리울 때
때 맞춰 활짝 피었으니
달콤한 유혹일까
수줍은 고백일까
오색 실타래 흔드는
꽃술의 군무,
억만 세월의 불꽃 춤이리라
가구家具 다듬는 연장
자귀, 그 촌스러움에 정 주었으니
저 수줍음을 보아라
낮에는 데면데면하다가
밤 되면
얼싸안고 마주 보는 빗살 이파리
미주美酒에 취한 사랑처럼
초록 위의 화관은
밤마다 뿜어낸 연인의 숨결
짙은 어둠 속,
형형한 눈빛으로
가빴을 사랑
짝나무라 하리라

도라지 꽃

새벽이슬 시리게 맞고
여린 몸 햇살에 따갑지만
칠월, 그 시간 잊지 않고
어찌 그리 섧게 피느냐
보라색,
그 처연함은
끝없는 슬픔이런가
눈 시리도록 하얀색은
빛바랜 기다림이었던가
백 년,
아니 천 년
그 긴 기다림 속
꽃 피어 오히려 짧으니
심심산천의 눈물 꽃이다

춘설

싸리나무 새 이파리
깨알보다 작은 그 얼굴에
하얀 눈발이라니
화들짝 자지러진다

따뜻한 햇살
봄이거니
팔짝거리며 피어났을
저 순진무구를 어찌하랴

훈풍 그윽해도
몇 번은 되짚어야 할
늦봄의 짓궂음
헤마다 잊고 만다

추위에 놀라
일그러진 봄
눈치 없이 불쑥 내민 희망
못내 아쉬울 뿐이다

비와 노래, 그리고 춤

격정의 포르테로 쏟아내어
쏜살같이 닿던 폭우暴雨의 강
여운 아득한데
아침에는 아다지오의 유장함으로
세상을 어르고 달랜다

칼바람 훑고 간 산골짜기의 시련도
겨울잠으로 지워버린 시간도
지나간 일이라는 듯
이른 봄의 생령들은
아침 봄비의 수런거림에
까치발 발돋움으로 도란거린다.

흠뻑 씻으면서도
원시의 아우성은 정겹다.
빗방울 장단에
까닥까닥 고갯짓하며
우쭐우쭐 짓는 봄의 춤사위
비의 무곡舞曲이 흐르는 아침이다

백목련을 보며

긴 겨울의 추위
파르르 떨었던
고독한 인고忍苦

매운 눈바람
무시로
달려들던 언덕배기

그 빙설의 흉터에서
다짐했던 화신花信
너는 잊지 않았구나

세월의 강은
아무것도 모르는 듯
흐르고 있지만

때 맞춰 푸지게 푸는
추임새이듯

잔치마당 선머슴아의
해맑은 미소로 피는
환한 백목련

네가 바로 봄이로구나

민둥산에서

아아, 어찌하랴
푸르게 빛나던 숲은 어디 가고
삭도削刀로 밀어버린 배코
단발령이라도 내린 것인가
나부裸婦의 허연 속살 같은
민둥산 골짜기
차마 보지 못하겠구나

병사들의 본영처럼
장엄하던 숲의 행렬 잊었는가
하늘 우러르고 땅 굽어보며
생명 양육했던 본분 버렸는가
입 다문 민둥산을 바라보며
잊힌 신화를 추억한다

가까스로 살아남은 노간주나무만
어쩔 줄 모르고 섰다

고대광실 떠받칠 소나무
네 굳건함을 믿었지만

제선충의 공세에
골짜기마다 허옇게 토막난 네 육신
객사한 자식의 시신이듯
애비의 마음으로 보고 또 본다

바오바브나무

서천 국립생태원
에코리움 열대관의 너를 본다
우뚝 선 바오밥나무
물구나무 선 듯
거꾸로 보는 세상 낯설다
본디
마다카스카르 섬에 나서
천하를 아우르며
세상 보듬었다 하여
아낌없이 주는 나무라 한다
하늘로 뻗은 투박한 손길
뿌리를 나신처럼 드러낸
거꾸로 선 나무다
폭염 후끈한, 그 척박한 곳에서
오아시스 머리에 둔 뜻을
어찌 미칠 수 있을까
파란만장한 세월 견디고
수천에 이르는 긴 수명은
신도 샘 날 일이다
억겁의 세월 견뎌온 육신은

만물을 보듬는 우주
주막이면 어떻고
행길이면 어떠랴
사람 살고 물산物産 모이는 곳
어딘들 한 조각 소홀히 할까
그 마디마다 다양한 쓰임
아낌없이 내어놓으니
성자 같은 그 넉넉함
나무라 하랴, 신이라 하랴
바오바브나무

매화 핀 날

모악산에
매화 수줍게 벙글 때
혼자 생각했지요.
하얗게
멍울 터뜨리는 날
그대와
꽃구경 가겠다고
황사
뿌옇게 내려앉은 아침나절
갑갑한 듯
기지개 켜고
매화꽃
달빛처럼 환하게 얼굴 내미는데
그대
어디에 계신가요

위도 한 바퀴

파장금에 내리면
고슴도치가 먼저 인사를 한다
초행길이 아닌데도
그저 모두 새롭다.
진리와 벌금을 지나
해안선 감고 돌면
희귀한 풍경에 절로 흥이 난다
바다로 내려선 산이
동물의 왕국에서 보던 악어 같다
토끼는 종적도 없는데
거북이는 누구를 기다릴까
가파른 절벽 끝에
곧추선 물개 한 마리
누구를 부르고 있을까
월든의 호수가 이러했을까
고산의 부용당이 이러했을까
왕등도로 열린 물길에는
커다란 돌섬 하나
늠직한 고래는
섬 지키는 파수꾼일까

용늪

람사르 1호 습지
용늪
1,290미터 고원에 펼친
장엄한 생명의 군상
하나 하나 눈길 마주하며 악수를 한다
무심히 보아 넘긴
한갓 미물
그 하찮음이
우리네 삶과 죽음의 지표라니
저절로 고개가 숙여진다
지리강활
개시떡나무
미역줄나무
마타리
바람꽃
제비동자꽃
개똥발이
비로용담
흰꽃애다리
부자도 가난도 없고

잘남도 못남도 없는
땟국 흘렀던 어릴 적
소꿉동무 같은 그들
벗 아닌 것 없고
이웃 아닌 것 없는
용늪에서
세상을 다시 본다

실유카

방자한 세상
모두 묶어버리고 싶었을까.
우뚝한 성깔 그대로
까칠했던 한 세상
때로는 가시처럼
방패처럼
뾰족하고 투박할지라도
끊이지 않은
인연이고 싶었다
고통이 클수록
절망이 깊을수록
더 하얗게 피어나는 멍울
척박한 돌 틈에
꼼 곧추세워
연등燈 탑塔이듯
비로소 마주하는 보살
냉혹의 뒷자락도
살뜰히 보듬어 주는 풍경처럼
실유카의 미소에
주먹을 쥐어 본다

제 4 부

할미꽃

울타리 양지바른 언덕에
한 배의 제비새끼들이다
올망졸망 서로 어우러져서
키득키득 웃음 한바탕이다
자상한 어미의 모습이다
고개 숙이고
내려다보는 모습
품 안의 자식 아우르듯
주둥이 짝짝 벌리고 맞는
제비둥지의 향연이다

만경강 연가

한겨울 만경강 끝자락은
태고의 세상

대륙을 달려온 칼날 바람도
길을 잃고 머뭇거리는 곳

새만금, 끝없는 길에서
바다와 땅은 하나가 되었다.

기다림 오래 사무쳐
폭설로 내렸을까

오봉 들녘에도 건너편 진봉 외배미도
눈부신 설국

눈 속을 가다 보면 무인도에 든 사랑처럼
왈츠의 선율로 꽃이 핀다

눈 속이면 어떻고
얼음바다면 어떠랴

혼자서는

오도 가도 못하지만

외로움도 두려움도 없다

성묘추회省墓追悔

큰넘산 자락
유택의 앞마당에는
아이들의 소꿉장난 같은
가을 햇살이 헤살거립니다

홀연히 떠나시던
그해 유월 어느 날
슬픔의 강 깊어
눈물로 봉분을 채웠지요

울鬱이 되어 주신
선대 묘 아래
모옥 한 채의 그리움
파도처럼 출렁거립니다

손길 흩어진
야박한 그늘 아래서
무성한 뜨락 다듬는 일
거무*처럼 허둥거립니다

해와 달
벗 삼던 산속 마당
멧돼지가 헤쳐놓은 봉분보며
핏자국 보듯 마음 붉어집니다

*거무: '거미'의 전라도 사투리

꿈에 본 아버지

꿈에 아버지를 보았다
햇볕 따갑던 날, 몸 가누지 못하고
가벼운 육신, 병실에 팔랑 내려놓으셨다
겨우 하룻밤 견디더니 집에 가자신다
차에서 내리자마자
집안 곳곳 다 눈에 담을 듯
두루두루 살피시더니
바람처럼 구천으로 떠난 아버지다
어머니가 손수 누빈 수의 어디다 벗어두고
하필 쓰러져 눕던 그날의 환자복 차림일까
웃음 한 조각 없었지만
나는 당신 품에 뛰어들어 눈물부터 흘렸다
어쩌다 좋은 날,
아버지 생각 울컥해진 때도
귀애하던 큰손녀 시집가는 날에도
이승과 저승이 분명하다는 듯이
한 번도 뵐 수 없었던 아버지였다
그런데 무슨 일로 오셨을까
그 영감탱이 모시 적삼 곱게 입고
중뱅이 시숙 만나 도란도란 이야기한다는

어머니 꿈 얘기에 편하신 줄 믿었다
잠 깨자 전화부터 했지만 어머니는 받지 않으신다
어디 아픈 걸까, 들에 나간 걸까
수화기 잘못 놓았을 거라며 애써 태연했지만
깊어지는 상상에 내내 몸이 탔다
해 떨어지고 어둑해지는 저녁 되어서야
세상 다 안을 듯
푸근한 어머니 목소리
"아가, 나 건강헝게 걱정마라잉.
 아덜은 어찌냐?"
눈시울 붉히며 아버지 오신 뜻 새긴다
"너그 어메 외로웅게 잘 챙가 드리라."

당신은 어디에 있습니까

성난 바람이 야수가 되었습니다
뭇생명이 바람끝에 있습니다
가난의 밑둥마저 쓸어가버렸고
상흔은 핏빛 노을로 흐르고 있습니다
신은 어디로 숨었습니까
자비의 뜰은 어디에 있습니까
정체를 숨긴 코비드는 육신을 헤집고
그 숫자는 절망의 깊이입니다
구원은 세상밖의 일이 되고
기도는 탐욕의 추임새가 되었습니다
사랑은 독선을 가장했고
미망迷妄은 선악을 가리지 못합니다
선악이 무엇이며
신리가 무엇입니까
과학을 잡설로 아는 오만이 두렵습니다
지금 당신은 어디에 있습니까
신의 뜰을 허망하게 만든
당신은 누구입니까
눈앞의 위험을 외면하면서도
보화로 읽어내는 그 충직함에

신의 정원은 욕망의 싸움터가 되어버렸습니다
삶이 위태로워도
제 배 채울 것을 상상하고
움켜쥔 영화에 나눔이 없다면
도대체 신의 나라는 어디입니까
양심이 흩어진 난장판이라 해도
온기 한 줌 나누게 하지 못하는 당신은
지금 세상 어디에 있습니까?
니체의 탄식이 생각나는 아침입니다
당신은 죽었다는

목멱의 자물쇠

그것은
당신과 나의 약속입니다.

함께할 시간
함께 갈 시간
우리의 굳건한 다짐입니다

역사의 소용돌이
그 파란만장의 가파른 끝에서
목숨 건 다짐
시퍼렇게 살아나는 곳에서
이제
우리는 사랑을 약속합니다

나는 당신의 수줍은 사랑을 지키고
당신은 나의 굳은 결의를 안아야 합니다

사직을 옹위하던 봉수터
하얀 연기 피어 올랐던 그날처럼

우리의 사랑을 지키는
깃발 하나 우뚝 세웁니다

당신을 향한 내 그리움도
나를 향한 당신의 간절함도
바람 같은 세월
수없이 흘러가도
자물쇠, 그 굳건한 맹세는
철갑이 되어 우리를 지킬 것입니다

어머니 곁에서 잠자다

어머니 곁에서
잠들었던 때가 언제였던가
까마득한 시간의 저편
전설처럼 아득한 일이다

아버지 돌아가신 지
열일곱 해 전부터
홀로 고향집 지키며 살아온 세월
늘 바쁘다는 핑계로
어머니를 겉돌았다

어쩌다 고향집 가면
어머니는 나보다 먼저 서둘렀다
반찬거리, 양념거리 챙겨주며
어둡기 전에 가라 했다

그런 어머니가 얼마 전부터 달라졌다
"아가, 자고 가라'는 말을 하기 시작했다
그 말을 처음 듣는 순간, 마음이 서늘해졌다.

나는 애써 태연한 척하며
"다음에 와서 자고 갈게"
한동안 그 약속을 지키지 못했다

유언遺言처럼 내 가슴팍을 박혔기 때문이다
어머니가 날 두고 떠날 것 같아서다
그러나, 어제 두려운 마음으로 어머니 곁에서 잤다
어머니는 옛이야기 구구절절 풀어놓았고
나는 끄덕끄덕 장단을 맞추었다

이내 편안해진 듯
어머니는 마른 숨을 다듬으며 잠에 빠졌다
빗살 같은 주름 사이에는
내 이름 자 가르쳐 주던 그날의 어머니가 보였다
여태까지 함께하지 못한 내 가슴에
불효의 죄가 파고들었다

대물림 끊기

파리한 중년 여인이 들어왔다
고개 숙인 채 아무 말이 없다
물끄러미 여인을 바라본다
창백한 저 여인은
왜 말이 없을까
언덕배기처럼 든든했던 남편은
눈비 내리는 날 서역으로 갔으니
여인의 시름은 깊고 푸르렀다
파출부, 잡역부로 사는 삶에는
끝내 웃음은 피지 않았다
살다 보면 좋은 때가 있다는 말은
달콤한 사탕발림일 뿐
시간이 갈수록 수렁만 깊어졌다
부잣집 음식 찌꺼기 같은 돈으로는
호사는커녕 굶주림도 채우지 못했다
돌려막기에 바쁜
딸자식의 고단한 삶은
그대로 분노가 되고, 설움이 되었다
내 가난만으로도 서글픈데,
딸도 같아야 하는 그 대물린 가난

호랑이가 무섭다 한들 이보다 더할까
앙다물고 스카프로 가난을 죽였지만,
결국은 딸이 죽고 말았다
오호, 슬퍼라. 살아 무엇하리
번개탄 피워놓고 바닥에 누워
목놓아 딸을 불러 보지만
딸은 소복처럼 흰 손 내저으며
오지 말라 하였다 한다
"딸 죽인 년이 살아서 뭐해요?"
두 손 내밀며 어서 묶으라 하지만
피 울음의 여인 바라보지 못하고
소리 없이 울었다 한다

뭐 하실 건데요?

그렇게 물으면
이렇게 대답하지요.
뭘 하긴요?
그냥 내려놓아야지요

살다 보니
거리낌 없던 일
한때 있었지만
그것은 추억 속의 일이지요

잘난 체하며
혼자 했던 일
빛바랜 현수막이 바람에 펄럭이듯
한때의 추억일 뿐이지요

밤하늘에 별 총총하듯
산과 들에 나무 풀 우거지듯
저마다 잘난 세상에서
오만의 세월 부끄러워해야지요

피 끓고 생기 넘치던
열혈 젊음도 가고
이제 내리막길로 내려서서
살아갈 날을 생각해야지요

앞에 서는 길보다
뒤에 서서 손뼉치는 것이
더 어울린다는 것을
이제야 알 것 같아요

덫에 걸린

나는 한때
술 한 잔에도 벌겋게 무너지는
얼치기 바보였다
한 세상 움켜쥔 듯
눈 부라리며 서지도 못하고
나는 바람에 흩어지는 낙엽처럼
골목 끝에서 언제나 팔랑거렸다
문학을 하겠다는 친구가
시집을 들고 술집으로 갈 때
메마른 내 가슴에는
고뇌의 그림자만 바스락거렸다
금기의 땅에 홀로 남은 듯
낯설고 싫었던 그날 이후
앞과 뒤도 없고
오늘과 내일도 구분되지 않는
절망의 끝에서 나는 서성거렸다
잘못 들어선 길이겠거니
뒤섞인 길이겠거니
하나하나 덜어내느라 바빴다
별 같이 반짝거렸던 꿈을

하나씩 지워가면서
앞강 따라 흐르는 것도
뒷산 두고 떠나는 것도
벗어나는 갓길 아님을 알았다

엄나무의 고백

내가 받은 사랑은
고작 시기猜忌와 원망이었던가
내가 익힌 치병治病의 재주와
그대의 미각味覺 흔드는 것은
언제나 몸 헤치는 구실이었다.
내 선 곳 어디에나
사슬은 나를 묶어 구속하였다
가파른 비탈길에 외롭거나
뒤 울 지키는 초병도 되었지만
나는 두려움을 떨쳐내지 못했다
두려워할수록 가시 뾰족해지고
세월만큼 두툼한 갑옷을 입었지만
나는 아무것도 지키지 못하고
때로는 베어지고 잘려났다
오랜 세월 흐른 뒤에야
나는 세상의 모순에 눈 떴다
내가 독을 품고 지키려는 것이
내가 아니었음을 알았을 때
천명의 가벼움에 절망했다
이 한 몸 살고 또 죽어도

젊어서도 늙어서도
풀릴 수 없는 삶의 수수께끼
양지바른 그대 창가에서는
내 육신의 메마른 허무를 보고
오직 그대 지키는 일이라면
내 몸을 버려 그대의 생을 흔들었다
내 사명은 오직 하나
그대 지키는 일
이른 봄에는 그대 혀끝에서 춤을 추었고
한여름에는 가마솥 그 소용돌이에서 놀았다
어떤 이는 내 흉한 꼴을 보며
가시 세운 고슴도치라고 비웃었지만
그것은 숫제 모르고 한 소리다
내 몸의 가시 꼿꼿이 세워
그대 지키고 싶은 내 독한 사랑 때문이다

저륜마을

위도 고래바위 펜션
좌측 소로 따라
뱃길로 내려가면
저쪽 바다 건너서
저륜도島가 손을 흔든다
달랑 한 사람
혼자 반장, 이장, 도지사까지 대해 먹는다는
관광버스 기사의 익살에
까르르 웃음이 풀어진다
밤이면 더 반짝이는 불빛
어둠에 묻힐까 두려운
외로움의 몸부림일까
작은 몽돌 사이 비집고
앙탈이라도 부리듯
차르르-----차—알-싹 차르르
여인네 잠꼬대 같은
해조음에 취해
뜬눈으로 밤 보낼지도 모른다
고삐 풀린
탕자의 자유라면 좋으련만

행여, 운명의 사슬이라면
얼마나 무거울까
그래도 새벽마다
고산孤山*의 부용당처럼
안개 속에서 부스스
눈 뜨는 저륜마을

*고산孤山: 윤선도의 호

옻나무의 독백

나는 만백성의 연인인가
사람들 내 앞에 모여들어도
나는 하나도 반갑지 않다
그럴수록 나는 사육되고 절단되었다
내 몸에서 짜낸 피는 광택이 되어
비빈妃嬪의 고운 손에서 춤 추었다
그런데, 어느 날은
복날 개 패듯 빠개지고 부서져서
가마솥에서 진액을 쏟아내며
허기진 육신을 보듬었고
세파에 부대낀 그대의 양 다스렸다
내 실핏줄의 우르시올(urushiol)*로
사람 괴롭히며
내 몸 지키려 했지만
약藥 먹고 드세진
사람들의 욕망에 무릎 꿇어야 했다
내 기운 영글어야 약발 난다며
한때는 눈서리치기를 기다렸지만
요새는 새순 피자마자
무침 놓고 취한 사람 많으니

이제 내게는 달콤한 허니문도 없다
문득 돌아보니,
내 생은 포로
깊은 골짜기에 푸르게 피어나도
뒷동산 언덕에 수줍게 피어나도
점호를 받는 군인처럼 자유롭지 않았다
본시 내 꿈은
내 속의 독毒 방패 삼아
동구 밖 정자나무처럼 우뚝 서는 일이었지만
사람들은 내 청춘을 동강내고 말았다
사람들은 아는가
내 명성 알려질수록
내 육신은 고달프기 끝이 없다는 것을

*우르시올: 피부알레르기를 일으키는 성분이라고 함.

미완未完

one korea!
미지의 험지 구르자히말
헉헉! 그 원시의 숨결로
히말라야를 휘젓고 싶었던 꿈이
가파른 벼랑에서 흩어졌다.
3000미터 베이스캠프에서
우러르며 다짐했던 서원誓願
그러나, 거센 돌풍이 앗아간 꿈
움켜쥘 풀 한 포기 없는 절망 앞에서
네 애틋한 투혼을 생각한다.

'산에 가지 않은 산악인은 의미 없다'

혹독하게 채찍질하던
그대는 돌아오지 않고
히말라야의 큰 별이 되었다
한 생애가 온통 거친 삶이었지만
웅지 어루며 살아온 나날
이승의 끝길에서
다정했던 피의 형제

그리고 동지들
그 얼마나 애틋한 이름들인가
찢긴 육신,
흩어진 이름이여!
집으로 돌아가는 것이 등반의 완성이라던
당신의 다짐은 어디로 흩어졌는가
설산 끝 아슴한 공중에서
길 잃은 그대,
그 미완
그리움의 깃발만 펄럭이겠구나
그대의 사랑,
불굴의 투혼을 떠올리며
그대 살아온 삶보다
더 긴긴 시간
우리는 눈바람 속에서
또 뒤척거려야 한다.

등에 난 여드름, 누가 짰을까

등짝에 불거진 여드름 하나로
남편의 불륜을 밝혀냈다니
세상 여자들이여
그대들은 모두 셜록 홈즈의 후예들인가

누구도 침입할 수 없는 천애天涯에
탐욕의 꽃이런가, 우뚝 솟은 돌기 하나
그 방자함을 유린하였으니
그 자가 누구이옵니까?
외밭에서는 신발 끈 고치지 말라 했거늘
그깟 여드름 왜 손댔을까
뾰족하게 다그치는 추궁에
그만 고개를 숙이고 말았다나

세상 어디에나
어둠도 있고 그늘도 있지만
비릿한 냄새는 그 무엇으로도 가리지 못한다
뛰는 남자 위에
나는 여자 있다는 말
만고의 진리임을 왜 몰랐을까

제 5 부

구찌터널에서

한때는
화약 냄새, 피 냄새 진동했을
두려움의 길
실핏줄처럼 얽힌
죽음의 서곡이고
생명의 질곡이었다
삶과 죽음이
뒤섞인 아수라의 길
생명은 바람처럼 가벼웠고
죽음은 송곳처럼 뾰족했다
미로 속에서
목숨 걸고
목숨 노렸던
아만의 시간
많은 세월이 흘렀어도
그날의 가쁜 숨결은
오늘도 뜨겁기만 하다

정암을 생각하며

끌려가는 이들도
포박하는 그들도 모르는
까만 밤의 전율
두려워 눈 감고 헤아리니
걱정만 산처럼 높아집니다
광자狂者로 살아온 서른아홉 해
요순의 치치致治 우뚝 세워
활짝 열린 가슴으로 우러르고 싶었습니다
밤낮 사우師友가 되어
대도大道의 강물 흐르게 하여
이땅 푸르게 젖게 하자던
약속을 잃어버린 것이옵니까
천륜이듯 그날의 이끌렸던 네 해 남짓,
그 시절의 치열함이
돌이킬 수 없는 추회追悔로
남을 것이라고는
한 순간도 생각하지 않았습니다
한 점 부끄럼 없이
세상을 바꾸고 싶었던
푸르렀던 장부의 꿈은 흩어졌지만

찬바람 속의 불씨 하나 남길 수 있다면
이제 더 무엇을 바라겠습니까
동짓달 칼바람이
내 초라한 몸뚱이 위에서 날름거려도
두려움도
한 줌 원망도
미움도 없이
눈을 감겠나이다.

장군은 어디로 갔을까

어릴 적 내 구성진 이야기에
목 빼고 마른침 삼켰던 친구들
비 오거나 눈 오는 날
가난했던 행랑채 부뚜막에는
옛이야기 쇠죽 끓듯 자글거렸다

아버지에게 들은 옛이야기를
고스란히 돌려주는 내 솜씨에
해맑게 피어났던 친구들
심청전, 홍길동전, 흥부전에다 토끼전
탈탈 풀어내고 나면
허전해진 내 속마음 짐작이나 했을까

내가 세헤라자데라도 되는가
이야기가 바닥나버린 어느 날
한만복 장군 이야기를 풀어내자
자기 이름과 같다며 놀라던 내 친구 한만복
동그랗게 뜬 눈 호수처럼 깊었다

엄마도 없고, 아빠도 없는
내 친구 한만복
그 빈 자리,
내 이야기로 얼마나 채웠을까?
어려서부터 객지에서 떠돌던 친구
내 꾸며낸 이야기가 힘이 되었을까
주린 배 물로 채우듯
그 허기처럼 내 이야기에 빠졌던 친구
지금쯤 그 그늘에서 벗어났을까
드라마 같은 얘기 하나 만들어 주고 싶다

성첩城堞의 민초

남고산성에 가면
돌들이 엉켜 있다
남남처럼 제멋대로지만
자세히 보면
큰놈은 작은놈을 으스러지게 껴안고
작은놈은 큰놈을 악착스럽게 떠받치고 있다
눈비에 견딘 많은 시간들
기쁘고 좋은 일만 있었을까
그중에 몇 놈은
시큰둥하게 비켜설 만도 한데
저리 찰싹 한몸이 되었을까
성첩의 어느 돌 하나
따로 노는 놈이 없다
서로 껴안고 단단해진 성첩에서
마음 모아
부릅뜬 민초를 본다

맹탕은 아니었어

중1 여름방학 때였어
강천사의 연대라는 곳
곧게 자란 상수리나무에
우리의 이름을 새겼지
저 나무들처럼
우뚝 서자고
화랑이라도 된 듯
우쭐거리며 한통속이 되었지
철부지들
깡촌의 아이들이
어쩌다 그런 생각을 했을까.
스스로 대견해 했으니
그러고 보면
우리는 맹당은 아니었어
속이 꽉 찼던 거여
요새 우리가 하는 말이다

우리의 약속

—세월호 참사 4주기 기억식에 즈음하여—

그날 나는
사랑의 시인 정호승과 함께
따뜻한 세상을 꿈꾸었지
그러나 놀랍게도 그때
푸르고 무서웠던 맹골수도에서
너희들을 놓쳐 버렸다
두려워 가슴 조아리다가
울부짖는 것으로
잘못 가르친 미안함을
에둘러 고백했을 뿐이다
너희들
하늘로 오르기도 전에
애틋한 작별 인사 하기도 전에
잘못 덮기에 바빴던
무도한 권력을 보며
더 뜨겁게 분노했고
더 슬프게 울어야 했다
돌아오지 못한 수학여행
만남 없는 이별 앞에서
목 놓아 울어야 했다

그러나
우리는 다시 만나야 한다
꼭 만나서 손 맞잡아야 한다
슬픔의 강 깊어도
분노의 벽 높아도
우리는 진실해지고 새로워져야 한다
늦었지만
너희들에게 약속하마
더 따뜻한 사랑 피어나게 하마
더 굳게 손잡게 하마
너희들의 분노로
되살린 정의 시퍼렇게 살아나게 하마
사랑하는 동지여
사랑하는 제자여
사랑하는 이웃이여
이 땅의 모든 산 자를 용서하고
부디 천국에서
해맑은 모습으로 피어나시라

장수가야를 생각하며

백두정맥의 종산宗山
장안산 아래
널따랗게 푸근히 펼쳤을
태고의 영화
만상의 시원始原,
여기,
가쁜 숨결로 다듬었으리
찬란했던 철기문화
장수가야가 벌떡 일어섰다.
길고
먼
망각의 세월 지우고
심지 곧추세운 불꽃자리
보아라,
천하를 옹위한 봉우리들
그것은 왕국의 초병
덕유산과 장안산은
태양의 멱살을 움켜쥐고
새역사를 열었으나
숨죽인 역사

어둡고 깊었다
이제 새롭게 펴는
삼봉리와 동촌리
붉은 혈맥이 넘쳐 흐른다
장수의 하늘과
장수의 땅은
대동의 자랑 넘치는 곳
태평가 노랫가락에
덩달아 흥겨웠던
장수가야
새로 펴는 세상에서
새 꿈으로 요동치리

궤변 하나

무소식이
희소식이라는 말은
옳지 않다

아득한 옛날
길 떠난 사람
소식 끊어졌을 때
그 통절함, 위안 삼은 말이다

멀고 가까움은
지도에도 표시되지 않는다
함께하지 못하면
지척이라 해도
먼 곳일 뿐.

무소식은
까마득한 절벽이고
아찔한 낭떠러지임을
사랑해 본 사람은 안다

네끼, 이 사람

네끼, 이 사람
그게 사람이 할 짓인가
기죽고 산 세월
마파람만 불어도
설움 소스라쳤을
구만 리 아득한 타역他域
그대 하나 믿고
실낱의 희망 하나로
보고파 울고
좋아도 울었던
숱한 나날들
남녘의 신성晨星 빛날수록
더 까매졌던 먹빛 가슴
덥석 쥔 인연
어여삐 보듬어도
서러움 차올랐을 터인데
네끼, 이 사람
야만의 그 주먹질
부끄럽지 않은가

내 사랑, 회문의 성지여

눈서리 매섭던 시안 넘긴
유년의 봄날 연산 둑방에서
네 굳고 높은 꿈을 흠모하였다
바람길 서늘했던
내 상기한 볼에 와 닿던
장군봉의 추상秋霜
그것은 삼백예순 날 우리의 꿈이었다
소나무처럼 청청하자던
서릿발 결기로 우뚝 서자던
유년의 꿈, 회문을 보며 키웠다
한때,
쫓기던 고혼
땅을 치며 서럽게 호곡號哭했다는
망부의 설움,
회문에서 자지러졌다
산자락에서 눈 부라리던 적의는
회문의 상처로 남았다
얼룩진 피의 산하
고개마다 검푸른 그림자가 누웠다
회문은 돌고 도는 문이어도

돌아오지 못한 사람 많아서
골짜기마다 울음도 섞여 흘렀다
또 회문은 구국의 성지
면암 최익현과
의병장 임병찬
숨찬 호흡에 회문도 일어섰다
더운 가슴 열고
피 나는 형제들과
한 발자국도 내어주지 않겠다는 결의
골짜기마다 뾰족뾰족했다
회문의 사람들은 가난했지만
흐벅진 꿈 하나로 날로 새로웠다
허연 유골 바위틈에 모시면서도
천하제일의 명낭이라는 꿈을 가졌다
궁벽할수록
더 간절했던 기도
그래서, 회문의 사람들은
오늘보다 내일을 더 좋아했다
고난에 들수록 더 단단해지는
오, 회문의 기상이여!

회문의 약동이여!
장군봉 우러르며 품은 꿈은
너른 땅 어디에서나 손 맞잡는
회문의 적자, 그 증표였다
돌고 돌아도
회문의 문은 넓고 크다
뭇생명 가쁜 숨결이 시작된 곳
회문에는 꿈이 있고 사랑이 있다
내 사랑 회문,
부푼 꿈의 성지
회문의 노래여!
낮과 밤 저 넓은 세상으로 내리흘러라.

정자나무를 보며

마을 앞
오래된 정자나무에는
상처가 가득하다
바람에 꺾어지고
눈비에 파인 곳
그것은 고뇌의 강이었으리
참고 견뎌
옹이를 보면서도
세상의 신고辛苦 걷어내고
신神이 되고 싶었으리
그러나 뒷방 노인네 혼 나가던
칠흑같은 밤에는
곧게 세운 가지 숨죽이고
송곳 같은 아픔에 눈을 감았으리
정자나무는
세상의 희로애락에 붙들려서
이리저리 바쁘다가
이것저것 챙기다가
꿈을 잊어버리고
세월에 발맞추며
촌로村老처럼 늙어가고 있었다

격세지감

안동 도산서원에서
여성 헌관이 술을 올렸대서
세상이 들썩거렸다
절대 금기를 깬
여성 초헌관 이배용 이사장
한복 곱게 차려 입고
도산의 영정 앞에서
술 올리며 무슨 생각을 했을까
개새끼도 양반 상놈으로 갈린다는
양반 고을 안동에서
성차별의 지각변동이 일어났다며
세상은 왜 흐뭇이 미소를 지었을까
여성은 없고 남성만 있는
금단의 600년 제단
광장으로 밀려나와서도
제도와 관행으로 핑계댔던
사내들의 태만은 용서받을 수 있을까
물 구럭에 손 마를 날 없이
이민족처럼 소외되었던 벽이
한순간에 무너지다니

너무 멀고 긴 시간
만시지탄, 아쉬움은 있지만
손 맞잡고 나란히 설 수 있다면
얼마나 따뜻한 일인가
그런데도 의병을 기리는
수영만의 제사에서는
여성 의회의장은 또 뒷전으로 밀리며
타생적 한계에 몸을 떨었다
성역과 금기가
활짝 문 열어가는 세상에서
옹고집 같은 그 뾰족함 놓지 못할까
여성을 언제까지 부엌에 가두놓고
딸자식의 차별에만 눈 부릅뜰 겐가

왜구倭寇의 일기

대마도에는
산과 바다만 있다

한 뙈기
논도 밭도 없으니
주린 배 채우는 일이
죽는 일보다 더 어려웠다

검푸른 바다 휘저으면서
비린내 조각에 취하고
남방의 들녘 그 알곡 넘보는 것은
목숨 잇는 처절한 투쟁이었다.

왜구라 한들
도적이라 한들
그 비난 따위야, 무슨 대수랴
노략질은
삶을 잇는 엄숙한 생업이었다

누군들
검푸른 바다 두렵지 않았을까
높은 파도에 목숨 시리지 않았을까
버림받은 섬의 한恨 된 설움
쓰시마에 와 보니 알 듯하다

피슈(貔貅 pi xiu)

용龍의 형상이지만 용이 아니다
식탐食貪, 산처럼 높고 바다처럼 깊으니
그 포만의 뒤끝,
질펀한 악취 푸지게 쏟아내니
막내둥이라 한들 귀엽기만 했을까
그 버릇 고쳐 주고 싶어
끌어안고 엉덩이 찰싹 때렸는데
아이고, 그만 항문이 막혀버렸다

소림사 대웅보전 앞에 바싹 엎드리어
짓궂은 망나니 벌 서는 것일까
커다란 돌기둥 등짐 지고
가쁜 숨 몰아쉬면서
히죽이죽 웃음 흘리고 있으니
세상의 연민은 오히려 사치
어떤 무게도 거뜬히 감당하는
자신감 그리고 당당함 아닐까

포만飽滿의 뱃속 저금통 같아서
재물 가득 채우는 그 신통함이라니

가장 낮은 곳에 엎드리어
보옥寶玉 지키는 신이 되었으니
사악함 몰아내고 호기 노리는 피슈여
부자 되고 싶은 중원의 욕망만큼이나
기념품 가게마다 우글거리니
그 피슈 따라 우리네 욕망도 부풀고 있다

모모

가마솥 같은 사막에서
한낱 모래알로 구르고 있다 하여
물기에 젖는 꿈마저 버리겠는가
때로는 낙타의 발에 차이고
벼랑으로 굴러 떨어질지라도
거친 숨결 같은 사막이어서
더 치열해지는 것
깎이고 바스러질수록 빛이 되는 것
그것이 사막의 운명 아니겠는가
만신창이가 된 노구 이끌고
모래알처럼 버려진 새끼들
바람 숭숭거리는 가슴으로 안아야 하는
로자의 시여, 로자의 노래여
바람결에 날아든 민들레 홀씨 같은
모모여 그대는 아는가
누구에게나 삶은 사막 같은 것
제 몸 하나 건사하지 못해도
모래알 서로 엉겨 길을 열 듯
낯선 자들의 길이 되는 모모여
빅토르를 샘물로 흐르게 하는

하비 할배의 오아시스는
갈증의 분화구 아니었던가
바스라지는 모래알 같은 로자여
역겨운 냄새에 치를 떨면서도
그늘이 되었던 창녀들의 치마폭
바위틈에 핀 이름 없는 꽃들이여
이슬로 적시고 바람으로 안아주는
대자연의 무상함, 거기에
내가 있고 네가 있음을 본다
달아날수록 더 단단하게 매듭짓는
연민보다 더 애틋한 사랑이 되는
유태의 동굴이여
사랑 없는 생명이 어디 있겠는가
사막이라 하여 두려워 마라
불모라 하여 외로워 마라
구차한 구렁 속 거친 바람 회오리쳐도
그러기에 오롯이 돌고 도는 세상
어디에다 사랑의 바람은 있다

플라타너스의 팔자

팔다리 잘리고 홀딱 벗기었으니
한평생 부끄러움뿐이로다.
해마다 가득 기대 품고서
활짝 펴고 푸르러가지만
비정한 가지치기로 알몸이 되고 말아
철마다 향수에 젖어 푸르도록 흐느끼지만
벗어날 수 없는 고달픈 운명
남국의 향수 아련하게 다가온다
그런데 중원中原에서 너를 본다
세상의 너른 품에 안겨서
호방한 천성 쑥쑥 펼쳤으니
그대의 천국이 예 있음이라
가슴 펴고 의연하게 우뚝 섰으니
바로 너의 맞춤자리다.
그늘 아래 환히 핀 인정만큼이나
넉넉한 모성, 너를 본다
어느 놈은
팔자 좋아 저 너른 곳에서
저리 푸르게 흐드러지는데,
또 어느 놈은

팔다리 잘린 채 옹색할까
천성대로 살지 못하는 자가
어찌 플라타너스뿐이겠는가
팔자 당당한 중원의 너를 보니
남도 땅 궁벽한 거리의
꾀죄죄한 그대의 삶이 스친다

서사성을 품은 건강한 정서의 서정시

– 송일섭 시인의 시는 남성적 톤의 서정시다

소재호(문학평론가, 전북예총 회장)

시인은, 만물의 그림자로 유추하여 그 본상을 그려내는 재주를 지닌다. 그 본상은 실제와는 다르게 다양할 수가 있다. 그런데 그 다양성을 말미암아 창의성을 빛난다.

한비자의 말로 "개는 그리기 어려워도 귀신을 그리기 쉽다" 고 하였듯이 그림자로 얻어지는 실상은 천만가지 형상을 띠기 마련이다. 사실 귀신은 사람마다 다르게 인상된다. 사람마다 다르게 변용되거나 변주되는 새로운 형상은 개성적 창의성으로 아름다움 [감동]에 다가선다. 그림자로 이끌려 온 물상의 제2의 형보는 고도의 예술적 의도가 개입된 신선한 작품으로 나타난다. 칼 구스타프 융이 말한 "잠재의식의 언어가 상징"이란 화두가 있는 바, 이 화두를 그림자의 파생론에 대입해 보면, 그림자는 잠재의식의 세계일 수 있고 결과되어진 작품은 상징일 수 있겠다. 어떤 물상에 참신한 이미지를 새로이 입혀 도달케 한 창작의 결과물이 돌올突兀하게 시詩인 것이다. 시가 걸어나온 과정은 매우 참담(?)하다. 사람의 그냥 일상이 아니라 의도된 시적 경험을 보수하며 시발점에서부터 특별한 시적발상과 시적 변주에 보태어 시적 영성靈性까지 융합하여 하나의 초점에 합일해 내는 비상한 구조가 시를 건설한 것이다. 다른 사례로 이를 비유해 보면, 마치 일곱 가지 무지개색을 한 초점에 집약시키면 흰빛으로 결과된 것을 볼 수가 있다. 애초의 일곱 가지 색깔은 흔적없이 묻혀버리고 기상천외奇想天外하게도 하얗게 눈부신 빛살이 나타난 것이다. 구조주의가 표방한 바, 예술의 질료들이 화학적 융합을 거쳐 경의적 이상태理想態를 형성해 낸 것이다.

창의성으로 발로된 상징은 인습상징이 아니라 창조상징이란 말로 표징 될 수 있을 것이다.

송일섭시인의 시를 깊이 정독해 보면 편편마다 은밀한 그림자를 잠복시키고 있나. 삼재된 내면 세계, 의식이전의 경험 인상이 똬리를 틀고 있다. 푸른 창공에 나부끼는 깃발을 바라보며, 그 깃발이 표상하는 이념, 메세지, 또는 깃발을 내거는 인간 심리까지 들여다 보는 것이다. 깃발은 어떤 영토를 선언하고 있다. 그 영토의 카타고리, 그 영토의 생태적 환경, 그리고 그 영토의 미래 영상을 그림 그린다. 시가 자연과 인간의 모방이란 설에서 한참이나 진화된 형상에 이른다. 랭보는 시를 형상해 내는 전제에서 견자見者의 논리를 주장했다.

'보는자'란 단순 의미가 아니라 만상의 이면, 또는 깊숙한 내면을 들여다 보는 '통찰'의 심화를 일컫는다. 송일섭 시인은 '아픈 내면'을 외상에서 역설적으로 유추해 낸다.

수필가로 시 낭송가로 활약하던 송 시인이 어느덧 시의 경역 안에서 그 역량을 충분히 발휘하고 있는 것이다.

그의 문학적 소양의 진화는 괄목할 만하다.

일찍이 중등교장으로 임기를 마치고 전업 작가로서 소임을 다하고 있다. 전북문학관에서 학예사란 임무를 띠고 전북의 문학사 전반을 조망하고 또는 비평하며 문재文才를 선양하고 있는 중이다. 한 생애를 국어 학습자로 교편자로 봉직하면서 문사다운 자질을 다듬어 온 것이다. 놀랄 만한 노력과 심혈을 쏟았던 그의 지난적 행적이 대견스러운 것이다. 그는 시인으로 등장하는 필요충분조건을 다 갖춘다.

시를 쓰는 경륜은 아직 일천한 터에 이토록 수준 높은 시 창작을 달성한 점에 경의를 표한다.

그의 시 편편을 필자 임의로 골라 음미해 본다.

> 내가 받은 사랑은
> 고작 시기猜忌와 원망이었던가
> 내가 익힌 치병治病의 재주와
> 그대의 미각味覺 흔드는 것은
> 언제나 몸 헤치는 구실이었다.
> 내 선 곳 어디에나

사슬은 나를 묶어 구속하였다
가파른 비탈길에 외롭거나
뒤 울 지키는 초병도 되었지만
나는 두려움을 떨쳐내지 못했다
두려워할수록 가시 뾰족해지고
세월만큼 두툼한 갑옷을 입기도 했지만
나는 아무것도 지키지 못하고
때로는 베어지고 잘려나야 했다
오랜 세월 흐른 뒤에야
나는 세상의 모순에 눈 떴다
내가 독을 품고 지키려는 것이
내가 아니었음을 알았을 때
천명의 가벼움에 절망했다
이 한 몸 살고 또 죽어도
젊어서도 늙어서도
풀릴 수 없는 삶의 수수께끼
양지바른 그대 창가에서는
내 육신의 메마른 허무를 보고
오직 그대 지키는 일이라면
내 몸을 버려 그대의 생을 흔들었다
내 사명은 오직 하나
그대 지키는 일
이른 봄에는 그대 혀끝에서 춤을 추었고
한여름에는 가마솥 그 소용돌이에서 놀았다
어떤 이는 내 흉한 꼴을 보며
가시 세운 고슴도치라고 비웃지만
그것은 숫제 모르고 한 소리다
내 몸의 가시 꼿꼿이 세워

그대 지키고 싶은 내 독한 사랑 때문이다

—「엄나무의 고백」 전문

이 시는 명작이다. 엄나무를 의인화하여 철저히 감정이입한 존엄한 실존이다. 전반에 흐르는 패러독스가 꽤나 흥미롭다. 인간 심리의 이중 구조도 잘 표현되고 있다. 동물이든 식물이든 자기 방어 목적으로 뿔을 지니거나 가시를 전신에 설치한다.

방어란 공격의 대립적 의미이지만 자기 내면에 충일한 공포의 역설적 표상이다. 두려움을 증표하여 가시를 온몸에 두른 것인데 이로 연유하여 흉칙한 외연의 표방으로 독해된다. "시란 아이러니의 화염이다."란 명언이 있다. 시의 반어적 양면성, 정과 반의 부딪힘은 곧 충돌이 되고 화염이 되는 것이다. 화염은 승화의 전 단계인 것이다. 논리학에서 정 · 반 · 합의 변증법적 화법과 같은 속성이다. 엄나무가 시적 자아에 위탁되어 장렬하게 외연의 자아와 내면의 자아가 충돌하는 것이다.

자기 비하卑下를 떨치고 의연한 독존자로 일어서기까지 지난한 고통이 수반된 것이다. 자디가 자기를 찌르며 그리하며 피 흘리며 생존의 계절 그 한복판에서 처절하리만치 자기 존재를 입증한 것이다.

엄나무는 순을 꺾어 반찬을 삼기도 하고, 나무도 마디마디 잘라서 삶은 뒤 건강 약재로 쓰이는 이로운 식물이다. 나뭇잎, 가시 돋친 가잰이, 그 뿌리까지 식용으로 또는 약재로 쓰이는 나무이므로 인간 소용의 채취 목록 제 1 순위인 것인데, 그러므로 항거의 이미지를 띠어 가시로 무장한 것일 터이다. 갑옷 입어 숨 가쁘고 그 무게로 생이 순탄치 않은 무장한 병사를 보는 듯 자기 구속과 폐침으로, 재귀적 자기 침략의 모순을 스스로 만들고 있는 것이다. 힘센 황소가 주인을 위해 일생을 헌신하고 나중에는 전신이 식용으로 요리되어 사람들 식탁 위에서 미각을 북돋우는 역할을 하는 것과 같은 이치이다. 그 황소는 어떤 횡포한 맹수 앞에서도 두려움 없이 주인을 위해 곧추세운 뿔을 사용한 것이다.

옛날 옛적 황소가 호랑이를 만나 주인을 구하는 전래동화는 퍽이나 재미있는 스토리였다.

이 시의 종반에서 시적 자아는 '사랑하는 그대'를 위한 지킴이로서 그 위상이 높여진다. 저 중세의 한 용감한 기사가 사랑하는 공주를 위해 백마타고 전선에 뛰어드는 용맹성을 엄나무에서 연상수법으로 떠 올리게 한다. 이 한 몸 희생하여 '그대를 지키리라' 하는 의연한 기사도가 엄나무 병정을 비굴성에서 구출한다. 자기 비하로 자기 성찰에 너무 골똘하여 우유부단한 햄릿처럼 또는 자기 방위와 안일만을 추구하는 소아적 자아가 아니라, 경애하여 받드는 '그대'를 위해 용감히 출전하는 용맹한 무사로 엄나무 이미지는 구조된다.

이 시는 서정시이지만 약간은 주지적 서사적 요소가 등가적으로 융합하며 충실한 시적 체질을 갖춘다.

마을 앞
오래된 정자나무에는
상처가 가득하다

바람에 꺾어지고
눈비에 파인 곳
그것은 고뇌의 강이었으리
참고 견뎌
옹이를 보면서도
세상의 신고辛苦 걷어내고
신神이 되고 싶었으리
그러나 뒷방 노인네 혼 나가던
칠흑같은 밤에는
곧게 세운 가지 숨죽이고
송곳 같은 아픔에 눈을 감았으리
정자나무는
세상의 희로애락에 붙들려서
이리저리 바쁘다가
이것저것 챙기다가
꿈을 잊어버리고
세월에 발맞추며
촌로村老처럼 늙어가고 있었다

—「정자나무를 보며」 전문

정자나무도 의인화 되어 있다. 인간들의 삶을 지켜보는 역사의 증인으로 의표가 정정하다. 시련을 많이 겪은 한 고을의 현자로서, 온갖 인간적 고뇌를 옹이로 표상하며 신고를 걷어내고 한 그루 신목神木이 되고자 했던 괴목 한 그루인 것이다.

정자나무는 느릅나뭇과의 낙엽 활엽 교목, 높이 30m이상 자라며 어디에서나 잘 자라며 수령이 높아도 우람 청청하여, 마을 동구밖에 두어 신령시하던 풍속으로, 우러름을 받는 신목이다. 약간은 무속적 속성으로 우리나라 사람들에게 친근한 나무이다.

정자나무가 자연히 인간들 삶의 현장에 지켜섰던 연유로, 나이가 높고 지체있는 귀티로, 애니미즘적 대상으로 여겨졌다.

인간들 애환을 대신해 주는 마을의 업으로서, 나무가 아니라 인간들이 의지하며 받드는 인격화 된 군자인 셈이다. 자기 희생을 통한 대아적 이미지가 한층 빛난다.

누대에 걸쳐
야성野性 다듬으며
외길 섬기던
그 충정 잊었는가
뜬장에 가두고
꿈마저 외면한 냉혹
컹컹 세상 꾸짖어도
누구도 듣시 않는
막장의 절규
외면당한 세상에서
오지게 밟고 뛰었던 마당
죄다 잃어버리고
쇠줄에 미끌리면서
마구 흔들리는
뜬장의 고뇌를 보며

너도 울고

나도 운다

—「뜬장」 전문

작가가 시집 제목으로 삼은 「뜬장」이란 시는 그 소재가 독자에게는 좀 생소할 것 같다. 개나 닭을 가두는 장치로 중간에 가로질러 띄운 철망으로 닭들이 올라 앉게 한 장치이다. 가축의 배설물을 밑으로 떨어지게 하려는 의도로 설치한 것이다.

뜬장은 개장에 갇힌 개와 닭과 합일되어 있다. 뜬장이 곧 개로 환치된다. 사람들에게 봉사하며 받들었어도 오히려 속박당해 영어의 신세가 된 처지를 읊고 있다. 사실 시는 대개가 의인화로 인격화 되는 것이 상례이다. 자유를 잃고 분방하던 야성도 제거당하고 생명의 외경畏敬이 유린되는 현상을 오버랩 시킨다. 모순의 인간상에 대한 고발이다. 오늘 날 동물학대가 문제로 떠오르는 시점인데 과연 식용으로 사육되는 가축들은 어찌 대접해야 되는 것인가. 막연하지만 이런 심각한 문제를 제기하고 있다.

사실 이 시에서 '뜬장과 개와 나'는 등가적으로 합일시킨바 절묘한 테크닉이 돋보인다. 물아일체의 개념이다.

백두정맥의 종산宗山

장안산 아래

널따랗게 푸근히 펼쳤을

태고의 영화

만상의 시원始原,

여기,
가쁜 숨결로 다듬었으리
찬란했던 철기문화
장수가야가 벌떡 일어섰다.
길고
먼
망각의 세월 지우고
심지 곧추세운 불꽃자리
보아라,
천하를 옹위한 봉우리들
그것은 왕국의 초병
덕유산과 장안산은
태양의 멱살을 움켜쥐고
새역사를 열었으나
숨죽인 역사
어둡고 깊었다
이제 새롭게 펴는
삼봉리와 동촌리
붉은 혈맥이 넘쳐 흐른다
장수의 하늘과
장수의 땅은
대동의 자랑 넘치는 곳
태평가 노랫가락에
덩달아 흥겨웠던
장수가야
새로 펴는 세상에서
새 꿈으로 요동치리

—「장수가야를 생각하며」 전문

송시인은 서정시의 내부에 서사성을 융합시키는 재주가 뛰어나다. 두 가지 특성의 상호 이질성을 제거하고 상생적으로 원융하는 절묘한 테크닉이 남다르다.

시의 발상이 저 고대의 역사성에 기저하고 현재에 클로즈업 시키는, 무리없는 순탄한 문맥의 흐름에 필자는 탄복한다. 행을 자주 변환하며 영탄적 문체로 이끌며 웅장한 남향성男向性을 띤 웅변조의 강건체도 이 시에서 부상한다.

멀고 먼 시공을 통시통공通時通空하는 작가 시점이 통쾌하다. 역사적 사실들이 개념화를 거치며 다시 상징화로 일시에 내닫는 화법이 명쾌하다. 영화의 몰락으로 무상감에 젖거나 애상적 톤으로 이끌지 않고 대범한 미래지향으로 '꿈'을 설정한 기법이 탁월하다.

성난 바람이 야수가 되었습니다
뭇생명이 바람끝에 있습니다
가난의 밑둥마저 쓸어가버렸고
상흔은 핏빛 노을로 흐르고 있습니다
신은 어디로 숨었습니까
구원의 마당은 어디에 있습니까
정체를 숨긴 코비드는 육신을 헤집고
그 숫자는 절망의 깊이입니다
구원은 세상밖의 일이 되고
기도는 탐욕의 추임새가 되었습니다
사랑은 독선을 가장했고
미망迷妄은 선악을 가리지 못합니다
선악이 무엇이며
진리가 무엇입니까

과학을 잡설로 아는 오만이 두렵습니다
지금 당신은 어디에 있습니까
신의 뜰을 허망하게 만든
당신은 누구입니까
눈앞의 위험을 외면하면서도
보화로 읽어내는 그 충직함에
신의 정원은 욕망의 싸움터가 되어버렸습니다
삶이 위태로워도 제 배 채울 것을 상상하고
움켜쥔 영화에 나눔이 없다면
도대체 신의 나라는 어디입니까
양심이 흩어지는 난장판이라 해도
온기 한 줌 나누게 하지 못하는 당신은
지금 세상 어디에 있습니까?
니체의 탄식이 생각나는 아침입니다
당신은 죽었다는

–「당신은 어디에 있습니까」 전문

"인간이 미지에 대해 항상 의문을 품어서 그러므로 생동하므로 신은 존재한다."는 담론이 있다. 사실 맹목적인 믿음이 신앙이라면, 자꾸 의문을 품는, 그런 사람을 일컫어 불가지론자不可知論者라 이른다. 송 시인에게 종교의 유무를 따질 필요는 없다. 사실 신에게의 물음이라기보다는 시적 형태를 갖추고자 하는 화법으로 보아야 할 성싶다.

작가는 신을 상정하면서 다음과 같은 주문을 은연중에 하고 있는 것이다. 신은 당연히 권선징악의 권능을 지녀야 한다. 전지전능하면서 전혀 그렇지 못한 인간에게 가르침이나 일깨움을 주어야 한다. 신은 존엄해야 하고 신비해야 하며 인간들의 간절한 소망과 절절한 기도를 들어주어야 한다.

진 · 선 · 미의 극진한 지점에 군림해야 한다. 인간의 부정적인 데카당스한 부분을 제거하고 바람직한 방향으로 선도해야 한다. 소망과 기원을 들어주는 신앙을 기복신앙이라 하는데, 기복신앙은 진실로 올바른 종교가 아니라고도 말해진다.

인류의 복락과 평화만을 기원해야 그런 종교인이 정상적인 종교관을 가졌다고 말해지기도 하는 바, 모든 종교인이 이런 담론에 합당한가 하는 의문이 생긴다.

신의 권능을 기원한다기 보다는 이 시에서 작가는 참된 인간상 구현을 상정하며, 자기 성찰의 자세를 견지하는 그런 상황을 배설한다. 한용운의 시 「알 수 없어요」란 시가 있다. '신비한 비오秘奧'는 인간이 헤아릴 수 없으되 그 아우라만은 짐작할 수 있으리라는 회의적 반어적 설의의 화법인 것이다.

격정의 포르테로 쏟아내어
쏜살같이 닿던 폭우暴雨의 강
여운 아득한데
아침에는 아다지오의 유장함으로
세상을 어르고 달랜다

칼바람 훑고 간 산골짜기의 시련도
겨울잠으로 지워버린 시간도
지나간 일이라는 듯
이른 봄의 생령들은

아침 봄비의 수런거림에
까치발 발돋움으로 도란거린다.

흠뻑 젖으면서도
원시의 아우성은 정겹다.
빗방울 장단에
까닥까닥 고갯짓하며
우쭐우쭐 짓는 봄의 춤사위
비의 무곡舞曲이 흐르는 아침이다

—「비와 노래, 그리고 춤」 전문

사실 시란 태생적으로 노래이다. 또는 시는 말하는 그림이다. 생명의식의 고양과 만물의 생동을 의미하는 이 시는 그러므로 회화적 요소, 음악적 요소, 의미적 요소 등 3요소를 다 갖춘 면모가 특별하다. 낭만적이며, 건강한 정서가 굽이친다. '음표와 음표 사이의 찬란한 침묵'이 음악이라 했던 드뷔시의 언설이 여기서 적절하다. 공감각共感覺의 테크닉이 빼어나며 시적 결기가 충일하다. 시의 품격이 매우 높은 시이다.

질시와 모함에도 위축되지 않는
우뚝한 모악의 결기를 아는가?

누가 버려진 남도라 하였는가
쫓길수록 더 강인해지고
강팍할수록 더 뾰족했던 세월을 잊었는가

누가 뻣뻣이 고개 쳐든 배북背北이라 하여
모악을 능멸하였는가
누가 거슬러 흐르는
삼천三川의 도도함을 시기하였는가
그것은 한갓 질시의 요설일 뿐
그것은 모악의 더운 심장이었고
패악를 거부하는 삼천의 출렁거림이었다. .

도탄塗炭에 빠질수록
더 단단히 묶일수록
결기 푸르렀던 모악의 기상을 잊었는가.
구들장의 온기로 오순도순 지내다가도
세상 더럽히는 불의 창궐할 때마다
성난 폭우 쏟아냈던 동학의 하늘을 아는가.

—「모악산母岳山 1」 전문

모악산은 전라도 정신을 상징하고 있다. 추상적 개념을 형상으로 집약시켰다. 그야말로 형상화의 전범이다. 요산요수樂山樂水라 하여 산은 중후한 인간의 덕을 표방했다.

산은 대개의 동양 종교의 요람이다. 전라도(전북) 정신은 다음 어휘들로 표방된다. 의연함, 강인함, 고매 고고함, 당당하고 정의로움, 충의 충절로 꼿꼿함 등등 역사적 사례들로 거례하며 이런 다양한 전라도 정신을 표징해 내고 있다. 그런 중에도 구들장의 온기로 오순도순한 인간 정리가 사움치는 인간성 고양을 읊는다.

11월은
너와 내가 나란히 서는 달이다
시린 달빛 쏟아지는 거리에서
홀로 외롭지 않도록
나란히 서서 손 맞잡아야 한다
환한 웃음 나눌 수 있게

11월은
너와 내가 마주 서는 달이다
매서운 바람 몰아치는 들판에서
추위에 떨며 웅크리지 않도록
마주 서서 덥석 안아야 한다
포근히 안겨 꿈꿀 수 있게

11월은
너와 내가 하나 되는 달이다
가슴 속에 뭉근히 피워 온 불꽃
나른하게 지쳐가지 않도록
손 맞잡고 흔들어 깨워야 한다
더 찬란하게 빛날 수 있게

－「11월은」 전문

첫째연은 내가 제2의 나와 만나서 진자아와 가자아가 통합해 가는, 자기 갈등을 해소하고 분열적 자아를 통섭하는 단계를 읊었고

둘째연은 나와 나의 이웃과의 화해와 인화로 상생을 도모하는, 그리하여 모든 시련을 극복하려는 의지를 읊었고

셋째연은 너와 나, 나와 모든 이웃들을 하나의 카테고리에 묶는 '우리'를 상정하며 상생 상승의단계를 읊는다. 극기복례克己復禮요, 수신제가치국평천하修身齊家治國平天下인 셈이다. 점층법으로 단계를 높여가는 구조이다.

가느다란 선線 하나
무시하지 마라
그 삼엄한 경계의 좌우에는
영 딴판의 세상이 대결한다.

커트라인 앞에서 주저앉은 이가
세상에 한둘이었던가
선에는 누구도 거역하지 못하는
위엄과 권위가 있다.

선 넘어가면 죽음이고
선 넘지 않으면 삶일 때도 있다.
어디 그뿐이랴
선 덜 가서 죽기도 하고
선 더 가서 살기도 한다

시저의 루비콘강을 보라
이성계의 위화도회군을 보라
새로 펴는 선이 그 출발점이었다.
모든 결단은 다 선에서 비롯된다
고양이에게 쫓기던 쥐가
홱 돌아서며 마주 서는 그 자리는
항전의 마지노선이 아니던가.

삶은 선의 조우遭遇
마주치는 선 따라
이웃이 되고 적이 된다
불행이 되고 행복이 된다
승리가 되고 패배가 된다
희망이 되고 절망이 된다

—「선線」 전문

노자의 말씀에 '곡측전曲則全'이란 화두가 있다.

굽는것이 온전하다는 엉뚱한 철리哲理가 번뜩인다.

곡은 생生이다. 곡은 진眞이다. 또는 곡은 합合이다.

곡은 나아감이요, 생성함이요, 번창함이요 등등 많은 파생을 낳는다. 굽은 선의 만남이요, 직선은 이별이라고 말하기도 한다.

여기서 선은 어떤 운명성을 띤다. 시발과 종결, 매듭의 풀림과 다시 맺힘이기도 하다.

지평선과 수평선은 단절과 나눔이 아니라 합일의 연속선을 뜻한다. 선의 의미 부여는 사뭇 맹랑하다. 시적 변용을 들여다볼 수 있는 시이다.

어머니 곁에서
잠들었던 때가 언제였던가
까마득한 시간의 저편
전설처럼 아득한 일이다

아버지 돌아가신
열일곱 해 전부터

홀로 고향집 지키며 살아온 세월
늘 바쁘다는 핑계로
어머니를 겉돌았다

어쩌다 고향집 가면
어머니는 나보다 먼저 서둘렀다
반찬거리, 양념거리 챙겨주며
어둡기 전에 가라 했다

그런 어머니가 얼마 전부터 달라졌다
"아가, 자고 가라'는 말을 하기 시작했다
그 말을 처음 듣는 순간, 마음이 서늘해졌다.
나는 애써 태연한 척하며
"다음에 와서 자고 갈게"
한동안 그 약속을 지키지 못했다

유언遺言처럼 내 가슴팍을 박혔기 때문이다
어머니가 날 두고 떠날 것 같아서다
그러나, 어제 두려운 마음으로 어머니 곁에서 잤다
어머니는 옛이야기 구구절절 풀어놓았고
나는 끄덕끄덕 장단을 맞추었다

이내 마음이 편안해진 듯
어머니는 마른 숨을 다듬으며 잠에 빠졌다
빗살 같은 주름 사이에는
내 이름 자 가르쳐 주던 그날의 어머니가 보였다
여태까지 함께하지 못한 내 가슴에
불효의 죄가 파고들었다

―「어머니 곁에서 잠자다」 전문

어느 소설가는 '어머니 하면 벌써 눈물이 난다.' 고 했다. 시인들이 어머니에 대한 시를 쓰면 모두 성공한 시가 된다는 말도 있다. 어떤 시인은 시 제목을 『어머니 경經』이라 붙였다. 송 작가가 이 시에서 담담하게 읊고 있으나 속으로는 울고 있는 것이다. 그냥 그대로 독자에게 들키는 울음이다. 모든이에게 어머니는 전설이다. 전래 동화를 품고 있는, 온 누리 천사란 천사들이 다 모여 꾸민 육화肉化로서 어머니는 인간 세상에서 가장 신성하고 존귀한 상징이다. 어머니의 상은 그분의 작고로 인해 소멸되는 것이 아니라 어머니 상을 품고 있는 사람들의 죽음 직전까지 영상된다.

송 시인은 효자다. 효심이 장강을 이룬다.

어머니를 섬기는 자 도덕군자라 했다. 최소한 송 시인은 인간성을 의심받는 일은 없을 것이다.

어머니에 대해 읊은 시는 모두 성공한다.

송 시인의 시편들을 감상하면서 그의 정서적 건강성에 심취했다. 낭만적 서정시가 주류이지만 서사적 이야기를 품고 있어서 시가 현장감 있는 하이퍼리얼리즘의 효과를 띤다.

그는 시의 출발점은 늦었지만 대기만성할 타입이다.

송일섭 시집

뜬장

인쇄 2021년 9월 24일
발행 2021년 9월 27일

지은이 송일섭
발행인 서정환
펴낸곳 신아출판사
주소 전북 전주시 완산구 공북1길 16(태평동 251-30)
전화 (063) 275-4000 · 0484
팩스 (063) 274-3131
이메일 sina321@hanmail.net essay321@hanmail.net
출판등록 제300-2013-10호
인쇄 · 제본 신아출판사

ISBN 979-11-5605-948-6 03810
값 10,000원

Printed in KOREA